믿음의 기초

네비게이토 선교회는
국제적이며 복음적인 기독교 기관이다.
예수 그리스도께서는 자기를 따르는 자들에게
"너희는 가서 모든 족속으로 제자를 삼으라"
(마태복음 28:19)는 지상사명을 주셨다.
네비게이토 선교회는 세계 모든 국가에서
예수 그리스도의 일꾼들을 배가시켜
이 지상사명의 성취를 돕는 것을
근본 목표로 하고 있다.

네비게이토 출판사는
네비게이토 선교회의 문서 선교를 담당하고 있다.
본 출판사에서는 그리스도인의 영적 성장을 돕는
서적과 자료들을 출판하여,
그리스도인의 삶의 기초가 견고한
헌신된 제자로 성장하게 하고,
나아가 성숙한 인격과 지도력을 갖춘
일꾼이 되도록 돕고 있다.

믿음의 기초

Foundations for Faith

SCL5

Studies in Christian Living

그리스도인의 생활 연구 제5권

네비게이토 출판사

TO KNOW CHRIST AND TO MAKE HIM KNOWN

목적을 가지고 공부하십시오

생명과 성장은 함께 이루어집니다. 그리스도인에게도 그것은 마찬가지입니다. 건전한 성장은 건강한 생명의 모습입니다. 제5권과 제6권에서 당신은 그리스도 안에서 당신이 성숙할 수 있도록 도와주는 더 많은 성경의 진리들을 깊이 살펴보게 될 것입니다.

하나님의 말씀은 그리스도인의 성장에 기본적인 양식입니다. 말씀을 효과적으로 섭취하는 방법은 말씀을 암송하고, 공부하고, 읽고, 설교나 가르침을 듣는 것입니다. 이런 방법을 통해 당신은 하나님의 말씀을 잘 알게 됩니다. 그러나 말씀을 아는 것이 영적 성장을 보장하는 것은 아닙니다. 하나님의 말씀은 인쇄된 지면에서 이러한 방법을 통해 우리 머리에 옮겨집니다. 그러나 말씀으로 성취하고자 하는 하나님의 목적은 그분의 말씀이 우리의 마음에 새겨지고 그것이 우리의 하루하루의 삶을 변화시키는 것입니다. 하나님께서는 우리가 그분의 말씀을 알고 생각하기를 원하시며 우리의 생활을 살피고 꼭 필요한 변화가 있기를 원하십니다.

"내가 내 행위를 생각하고 주의 증거로 내 발을 돌이켰사오며."

-시편 119:59

발걸음을 돌이키는 것, 즉 하나님의 말씀에 순종하는 것은 영적 진보에

필수적인 것입니다. 당신이 하나님의 말씀에 당신 삶을 비추어 보고 성령께서 깨닫게 하신 것을 삶에 적용함으로써 당신은 그리스도 안에서 성숙하게 됩니다. 성숙이라는 것은 단지 지적으로 알 뿐 아니라 순종을 통해서 하나님의 뜻과 길을 알아가는 것입니다.

당신이 매일 성경을 공부할 때 하나님께서 당신에게 보여 주신 것은 무엇이든지 순종하겠다는 준비된 마음으로 성경을 가까이하십시오. 하나님께서 주시기를 원하시는 축복이나 교훈을 가로막는, 마음에 품은 죄나 교만이나 불신을 버리십시오.

당신의 생활과 지식의 성장을 돕는 이 책의 내용은 다음과 같습니다.

- 하나님은 누구십니까
- 성령
- 당신의 적을 아십시오
- 죄와 승리
- 그리스도는 다시 오시는가

제 1 과

하나님은 누구십니까

위의 질문은 인류 역사를 통해 모든 사람의 마음속에 깊이 자리 잡고 있는 질문입니다. 하나님은 존재하시는가? 누구시며 어디 계시는가? 사람이 하나님을 알 수 있는가?

인간 스스로는 결코 하나님을 발견할 수 있는 방법을 마련할 수 없습니다. 오직 하나님께서 자신을 계시해 주실 때 그분을 알 수 있습니다. 그러면 어디에 또 어떻게 하나님께서 사람이 자기를 알 수 있도록 이 계시를 해주십니까? 이러한 질문들과 또 어떻게 사람이 하나님을 개인적으로 알 수 있는가 하는 데 대한 완전하고도 정확한 답변은 바로 성경에서만 얻을 수 있습니다.

1. 하나님을 묘사한 것과 그 이름은 어떤 것입니까?

(1) 창세기 17:1

(2) 시편 78:35

(3) 시편 24:7

(4) 마태복음 6:32

2. 다음의 성경 구절들은 하나님의 능력과 지혜와 영원하심에 대하여 무엇을 보여 주고 있습니까?

(1) 창세기 1:1, 사도행전 17:24-25

(2) 시편 147:5

(3) 시편 90:2,4

(4) 말라기 3:6

(5) 신명기 10:17

하나님은 어떠한 분이신가

3. 디모데전서 1:17을 당신 자신의 말로 쓰십시오.

4. 하나님에 대해서 성경은 또 무엇을 말하고 있습니까?

(1) 예레미야 10:10상

(2) 요한일서 1:5

(3) 요한복음 4:24

(4) 요한복음 1:18

(5) 요한일서 1:3

5. 하나님에 관한 세 가지의 진리가 나타나 있는데 각각에 대한 적합한 성구들을 두 개씩 택하고 그 구절들을 아래 줄 친 곳에 간단히 요약하십시오.

시편 139:7-8　　　예레미야 23:24　　　역대상 28:9

예레미야 32:17　　　마태복음 19:26　　　잠언 15:3

(1) 하나님께서는 모든 것에 능하시다. (전능·全能)

(2) 하나님께서는 모든 것을 아신다. (전지·全知)

(3) 하나님께서는 어디에나 계신다. (편재·遍在)

6. 역대상 29:10-13에 있는 다윗의 위대한 기도에서 하나님에 대하여 알 수 있는 것은 무엇입니까?

7. 하나님에 대하여 또 다른 무엇을 우리가 알아야 합니까?

(1) 이사야 45:5-6, 신명기 4:39

(2) 디모데전서 2:5

8. 하나님의 또 다른 성품은 무엇입니까?

(1) 이사야 6:3, 레위기 20:26

(2) 요한일서 4:16

(3) 마태복음 5:48

(4) 신명기 7:9

이사야 40장은 하나님에 관한 진리가 가득 찬 위대한 장 중의 하나입니다.

“하나님께서는 하나의 영이나 인격에 그치는 것이 아니라 거룩하고 의로우신 존재라고 성경은 말합니다. 창세기로부터 요한계시록까지 하나님께서는 자기 자신이 거룩하고 완전하신 하나님이시란 것을 보여 주십니다. 그리스도께서 죽으신 그 이유도 바로 하나님께서 거룩하시기 때문입니다. 하나님께서 거룩하시기 때문에 죄에 대해 가장 마땅한 형벌을 내리셔야 했으며 반면 사랑의 하나님이시기 때문에 예수 그리스도로 하여금 이 형벌을 받으시게 함으로써 사람이 구원을 받을 수 있도록 하셨습니다.”

-빌리 그래함

하나님은 무엇을 하시는가

9. 하나님께서는 사람에게 자신을 어떻게 나타내 주십니까?

(1) 로마서 1:19-20

(2) 로마서 2:15

(3) 히브리서 1:1

(4) 히브리서 1:2, 요한복음 14:9

10. 하나님의 사랑에 대해서 성경은 무엇이라고 말하고 있습니까?

(1) 예레미야 31:3

(2) 로마서 5:8

(3) 로마서 8:38-39

"하나님의 능력이 미치지 못할 만큼 큰 것은 없으며, 또 하나님의 사랑을 받기에 너무 작은 것도 없다."

-조나단 고포스 부인

11. 하나님의 용서에 대해서 어떻게 나타내고 있습니까?

(1) 시편 130:3-4

(2) 이사야 1:18-19

12. 다음 구절들에서는 하나님께서 어떻게 묘사되었습니까?

(1) 시편 98:9

(2) 히브리서 11:6

(3) 시편 46:1

하나님은 우리에게 무엇을 기대하시는가

"내가 지금까지 가졌던 생각 중 가장 중요한 생각은 하나님께 대한 내 개인의 의무였습니다."

-대니얼 웹스터

13. 하나님을 기쁘시게 하는 본질적 요소는 무엇입니까?

(1) 요한복음 4:23

(2) 시편 100:4

(3) 신명기 6:5

(4) 히브리서 11:6

(5) 신명기 6:6

14. 위의 것들 외에 또 하나님께서 원하시는 것은 무엇입니까? (잠언 3:5) (가장 옳은 답을 고르십시오.)
    (1) 마음을 다하여 하나님을 의뢰함
    (2) 주의 깊게 계획해서 하나님을 섬김
    (3) 하나님을 위한 열심 있는 활동
    (4) 하나님에 대한 깊은 지식

"하나님께서는 우리가 그분의 약속을 따라 살도록 하기 위해서 가끔 그분의 목적을 감추십니다. 하나님께서 그렇게 하시는 이유를 살피거나 장래를 두려워하는 것은 우리의 할 일이 아닙니다. 어떤 일에 대한 하나님의 약속은 하나님께서 주관하신다는 것을 늘 우리가 마음에 충분히 확신하도록 해줍니다."

15. 하박국은 그의 믿음을 어떻게 보여 주었습니까? (하박국 3:17-18)

16. 다윗이 그의 아들에게 준 권고는 무엇이었습니까? (역대상 28:9)

17. 이사야 55:6-9에서,

(1) 하나님께서는 사람들이 무엇을 하기를 원하십니까?

(2) 하나님께서는 자신에게 나오는 사람들을 위해 무엇을 하십니까?

(3) 하나님의 생각과 행하심은 사람의 것과 어떻게 비교됩니까?

18. 예레미야 9:23-24을 생각해 보십시오. 하나님께서는 우리가 무엇을 자랑하기를 원하십니까?

19. 하나님께서는 어떤 두 곳에 거하신다고 말씀하십니까? (이사야 57:15)

20. 하나님께서는 무엇을 원하십니까?
(1) 이사야 66:2

(2) 예레미야 7:23

21. 그리스도인의 생활 목표는 무엇입니까? 고린도전서 10:31을 당신 자신의 말로 쓰십시오.

22. 이 과에 나오는 각 질문에 대한 당신의 대답들을 복습하십시오. 그리고 성부 하나님의 속성이나 진리가 성자 하나님께도 역시 진리라고 생각되는 것들의 앞에 표시를 하십시오.

23. 이 과에서 당신에게 가장 큰 감명을 준 것은 무엇입니까? 그것은 당신이 이전에 생각하던 것과는 어떻게 다르며, 어떻게 당신에게 영향을 주었습니까?

하나님께서 우리를 다루시는 모든 것에 있어서 하나님께서는 우리의 유익을 위해서 일하십니다. 형통할 때는 우리의 감사하는 마음을 시험하시고, 일상생활에서는 자족함을, 불행할 때는 우리의 순복을, 암흑 가운데 있을 때와 그리고 모든 경우에서 우리의 순종과 하나님께 대한 신뢰심을 시험하십니다.

제 2 과

성 령

우리가 어떤 사람을 생각할 때에 보통 그의 용모와 옷차림과 행동과 말하는 것을 연상하게 되는데, 특히 그의 용모가 어떠한가를 더 생각하게 됩니다. 그가 어떻게 생겼는가를 생각하지 않고서 그 사람을 생각한다는 것은 어려운 것입니다.

우리가 예수님의 외모가 어떠한 분인지는 알 수 없을지라도 그분이 세상에서 사시면서 보내신 생애를 통하여 예수님께서는 인격이시라는 것을 확실히 알 수 있는 것입니다. 하나님 아버지께서 한 인격이신 것같이 예수 그리스도께서는 한 인격이십니다.

그러나 성령에 대해서는 우리가 무엇을 알 수 있습니까? 그분은 인격이십니까? 그분은 신성을 가지고 계십니까? 우리 그리스도인의 삶 속에서 그분은 어떤 역할을 하고 계십니까? 당신은 이 과에서 이러한 질문들에 대한 해답을 알게 될 것입니다.

인격이신가 아니면 영향력이신가

1. 다음 구절에서 성령의 어떤 활동이 그분이 인격이시라는 것을 나타내 줍니까?
   (1) 사도행전 13:2

   (2) 요한복음 14:26

   (3) 요한복음 16:13

   (4) 로마서 8:26

   (5) 에베소서 4:30

성경에서 성령께서는 몇 개의 이름을 가지고 계십니다. 성신, 보혜사, 진리의 영, 그리스도의 영, 성령, 하나님의 영, 기타 다른 이름이 있습니다.

성령은 하나님이신가

2. 창세기 1:2을 읽어 보고 옳은 답에 밑줄을 그으십시오.
   (1) 세상이 창조되었을 때 성령께서는 존재하시지 않았다.
   (2) 창조 때에 성령께서는 존재하셨다.

3. 하나님의 어떤 특성을 성령께서도 가지고 계십니까?
   (1) 히브리서 9:14

   (2) 시편 139:7

4. 아나니아와 삽비라가 생명을 잃은 것은 그들이 누구를 속였기 때문이었습니까? (사도행전 5:1-10)
   (1) 3절

   (2) 4절

5. 성령께서는,
   (1) 사람에게 생명을 주십니까? (욥기 33:4)

(2) 사람에게 새 생명을 주십니까? (요한복음 3:5-6)

성령과 우리와의 관계

구원에 있어서

6. 다음 각 구절들은 사람들을 그리스도 안에 있는 영원한 생명으로 인도하시는 성령의 일의 몇 가지 면을 보여 주고 있습니다. (설명문 아래에 맞는 구절을 찾아 쓰십시오.)

로마서 8:16	고린도전서 12:13	고린도전서 12:3
요한복음 16:8	고린도전서 6:19	요한복음 6:63

(1) 성령께서는 죄를 깨닫게 해주신다.

(2) 성령께서는 사람이 그리스도를 주님이라 부르게 해주신다.

(3) 성령께서는 사람들이 그리스도의 몸이 되도록 성령의 세례를 주신다.

(4) 성령께서는 영적인 생명을 주신다.

(5) 성령께서는 신자들 안에 거하신다.

(6) 성령께서는 구원의 확신을 주신다.

에베소서 1:13-14과 고린도전서 6:19을 비교해 보십시오. 사람이 그리스도를 믿을 때 성령께서는 믿는 그 사람을 영원히 거하실 처소로 삼으시기 때문에 성령께서는 그 사람이 하나님의 자녀라는 것을 인치시고 보증해 주십니다.

매일 생활에 있어서

"성부 하나님과 성자 하나님에 의해 이루어진 모든 사실은 성령께서 그것을 우리의 영혼(마음) 속에 나타내 주시지 않는다면 우리에게 아무 소용이 없게 됩니다."

-찰스 스펄전

7. 고린도전서 2:12-14을 읽어 보십시오.
   (1) 그리스도인은 그의 삶에 누구를 모셨습니까?

   (2) 불신자들이 깨달을 수 없는 것들을 하나님께서는 어떻게 우리에게 가르쳐 주십니까?

8. 성령께서는 우리의 선생이시므로(요한복음 16:13-14),
(1) 우리를 어디로 인도하십니까?

(2) 성령께서는 누구를 영광스럽게 하십니까?

(3) 성령께서는 또 다른 무엇을 보여 주십니까?

9. 성령께서는 모든 신자들을 위해서 무엇을 하십니까?
(1) 고린도전서 3:16

(2) 로마서 8:14

10. 그리스도인의 생활에서 성령의 역사로 나타난 것을 무엇이라고 부릅니까? (갈라디아서 5:22)

11. 성령의 아홉 가지 열매를 기입하십시오. (갈라디아서 5:22-23)

(1)__________ (2)__________ (3)__________

(4)__________ (5)__________ (6)__________

(7)__________ (8)__________ (9)__________

섬기는 일에서

12. 고린도전서 12:7-11을 읽으십시오.

(1) 모든 믿는 사람들은 성령께서 주시는 은사를 가지고 있습니까?

(2) 믿는 사람에게 주시는 은사는 누가 결정합니까?

(3) 은사를 주시는 목적은 무엇입니까? (베드로전서 4:10 참조)

13. 로마서 12:6-8에는 어떤 은사들이 언급되어 있습니까?

"성령을 마음에 모시고 성경을 손에 가진 자는 그가 필요한 모든 것을 소유한 사람입니다."

-알렉산더 맥클러랜

14. 사도행전 1:8에서,

(1) 성령께서는 그리스도를 따르는 이들에게 무엇을 주십니까?

(2) 그 결과는 어떻게 되어야 합니까?

사도행전 2:1-42은 예수님의 제자들에게 능력을 주시기 위해서 성령께서 오신 것에 대한 기사입니다. 그 주신 능력은 하나님을 영화롭게 하며 사람들을 인도하여 그리스도를 믿게 하는 것입니다. 당신이 이 기사를 읽을 때 이 사건이 요한복음 14:16-18과 요한복음 16:7에 있는 그리스도의 약속들을 어떻게 성취하였는가를 잘 살펴보십시오.

15. 성령께서는 그리스도인들이 봉사하도록 돕고 지도하는 데 어떤 역할을 하고 계십니까?

(1) 사도행전 13:2,4

(2) 사도행전 16:6-7

(3) 고린도전서 2:4

16. 우리의 생활과 주님의 일에 성령께서 중요하시기 때문에 성령과 우리의 관계에 어떤 경고를 주십니까?

(1) 데살로니가전서 5:19

(2) 에베소서 4:30

(3) 사도행전 7:51

17. 성령을 근심하게 하는 것들은 무엇입니까? (에베소서 4:29-32)

"성령을 근심하게 하는 것은 우리가 서로 일치하지 않는다는 사실이 아니라, 일치하려 들지 않는 태도와 거친 언사와 용서하지 않는 마음 같은 것입니다."

우리의 의무

18. 에베소서 5:18-21에서,
(1) 성령에 관해서 우리에게 주신 하나님의 명령은 무엇입니까?

(2) 성령 충만의 결과를 열거하십시오. (19-21절)

“단 한 번에 영원히 충만해질 수는 없습니다. 예수 그리스도 그분으로부터 계속적으로 공급을 받음으로써 계속적으로 채워지는 것입니다. 순간순간 정결하여지고 순간순간 충만하여지기 위해서 순간순간 구세주 안에서 순간순간의 믿음이 필요한 것입니다.”

-찰스 인우드

19. 성령 충만의 결과에는 또 어떤 것들이 있습니까?

(1) 사도행전 4:31

(2) 사도행전 11:24

(3) 로마서 5:5

그리스도 안에 있는 모든 참된 신자는 모두 성령을 모시고 있습니다. 즉 성령께서 그의 삶 속에 거하고 계시는 것입니다. 그러나 성령의 충만함(성령의 지배)은 로마서 6:13에서 강조한 것같이, 계속적으로 주님께 순종하고 예수 그리스도께 자신을 굴복시키는가 않는가에 달려 있습니다. 성령 충만한 생활이란 단순히 주 예수 그리스도와 하나 되어 동행하며 다른 신자들과 함께 동행해 가는 것입니다.

20. 이 과에서 당신에게 가장 도전이 된 진리나 구절은 무엇입니까?

그것은 당신에게 어떻게 적용이 되며, 당신의 생각이나 행동에 어떻게 영향을 미칠 것입니까?

삼위일체

하나님께서는 오직 한 분이시며 세 인격으로 존재하십니다(이것을 삼위일체라 합니다). 삼위는 아버지 되시는 하나님과 아들 되시는 하나님과 성령 되시는 하나님이십니다. 이 삼위는 본질에서 하나이시며, 그 권능과 영광이 동등하시고, 그 기능에서 완벽한 조화를 이루십니다.

인간의 머리로는 이 놀라운 신비를 온전히 이해할 수 없습니다. 그러나 비록 제한적이긴 하지만 우리는 하나님의 창조와 계시와 구속(救贖)에 나타난 다양성 속의 일치를 통해, 하나님의 신비한 본성-삼위로 존재하시는 한 하나님-을 알 수 있습니다.

- 성부는 보이지 아니하시는 하나님이십니다. 요한복음 1:18
- 성자는 나타나신 하나님이십니다. 요한복음 1:14-18, 히브리서 1:1-4
- 성령은 우리 속에서 역사하시는 하나님이십니다. 요한복음 16:8, 고린도전서 2:10-12, 6:19-20

(삼위일체에 대하여 가르쳐 주고 있는 다른 구절들은 다음과 같습니다. 마태복음 3:16-17, 마태복음 28:19, 요한복음 14:16, 고린도후서 13:13, 베드로전서 1:2)

제 3 과

당신의 적을 아십시오

"전투에 대한 이해나 적에 대한 지식이 군 사령관에게 있어서 중요한 것처럼 그리스도인에게 있어서도 마찬가지로 중요합니다. 둘은 다 전투를 하고 있는 자들입니다."

-로드 싸전트

우리의 적은 누구인가

1. 요한계시록 12:9에서,
   (1) 우리의 적에 대한 네 가지 이름은 무엇입니까?

   (2) 그의 하는 일은 무엇입니까?

2. 요한계시록 12:10에서,
   (1) 그는 또 무엇이라고 불리어집니까?

   (2) 그는 무엇을 합니까?

3. 이사야 14:12-15은 특별한 위치에서 저주받은 뱀이 된 사탄의 타락을 이야기하고 있습니다.
   (1) 이 구절에서 그가 자기의 교만한 야심을 이야기할 때 "내가 …하리라"는 말을 몇 번이나 했습니까?

   (2) 그는 어떤 위치까지 자신을 높이려고 했습니까?

(3) 하나님께서 어떤 일이 마지막으로 그에게 일어날 것이라고 말씀하셨습니까?

4. 사탄이 장차 받을 마지막 형벌은 무엇입니까? (요한계시록 20:10)

5. 위의 질문들을 복습해 볼 때 사탄은 인격입니까? 아니면 어떤 영향력이나 악의 상징입니까?

사탄의 능력

6. 사탄은 또 어떤 다른 이름을 가지고 있습니까?

(1) 마태복음 4:3

(2) 마태복음 9:34

(3) 고린도후서 4:4

(4) 요한일서 2:14

7. 불신자들에 대한 사탄의 목표는 무엇입니까?

(1) 고린도후서 4:3-4

(2) 누가복음 8:12

"사탄은 파괴하는 자입니다. 그는 예배받는 존재가 되려는 욕망을 가지며 사람들이 그를 섬기도록 유혹하기 위해서는 어떠한 수단과 방법도 가리지 않습니다."

8. 에베소서 2:2에서,

(1) 사탄은 무엇이라고 불리어집니까?

(2) 그는 무슨 일을 하고 있습니까?

9. 요한복음 8:44에서,

(1) 사탄을 어떻게 묘사했습니까?

(2) 하나님의 진리를 받아들이지 않는 사람들에 대해서 예수님께서는 무엇이라고 말씀하셨습니까?

10. 그리스도인을 유혹하려고 시도하고 있는 사탄을 무엇에 비유하고 있습니까?

(1) 베드로전서 5:8

(2) 고린도후서 11:14

"사탄은 가장 좋은 것을 약속하고는 가장 나쁘고 악한 것으로 갚아 줍니다. 그는 원래부터가 거짓말쟁이인 것입니다. 어리석은 사람은 그에게 속게 됩니다. 약속한 면류관은 하나의 고삐가 됩니다. 약속한 평안은 고민거리가 되고 맙니다. 명예를 약속해 놓고는 도리어 수치로 갚아 줍니다. 약속한 천국은 마침내는 지옥일 뿐입니다."

11. 사도행전 26:18에서 한 사람이 그리스도를 영접했을 때,

(1) 그는 무엇으로부터 돌아옵니까?

(2) 그는 무엇을 향해서 돌아섰습니까?

하나님의 백성에 대한 사탄의 증오와 사탄의 전략과 힘에 대하여 쓴 유명한 기사인 욥기 1장과 2장을 상고하십시오.

사탄의 전략

12. 고린도후서 11:3에서,

(1) 사탄은 하와에게 어떻게 했습니까?

(2) 사탄은 그리스도인에게 무슨 일이 일어나기를 원하고 있습니까?

13. 사탄의 가장 큰 전략 중의 하나는 하나님의 말씀을 의심케 하는 것입니다. 그가 하와를 속일 때 이 방법을 어떻게 사용했습니까? (창세기 3:1-4)

"사탄은 하나님의 말씀에 의심을 던지게 하고 하나님의 아들을 의심케 하는 것을 그의 끊임없는 과제로 삼고 있습니다."

14. 에베소서 6:10-12은 사탄에 대해서 무엇을 보여 주고 있습니까? (맞는 답들을 고르십시오.)

(1) 그는 간교하다.

(2) 큰 능력은 있으나 근본적으로 사람으로 나타난다.

(3) 우리의 자의력과 강한 결단력으로 버티어 나갈 수 있다.

(4) 그는 인간을 초월한 영적 능력이 있다.

(5) 그는 자기를 도울 수 있는 다른 능력을 갖고 있다.

(6) 그는 하나님의 갑옷(무기)과 힘에 대항할 수 있다.

15. 요한일서 2:16에서 사탄이 사용하는 세 가지의 주요 시험 영역은 무엇입니까?

(1) 방종하려는 욕망

(2) 소유하려는 욕망

(3) 나타내려는 욕망

창세기 3:6과 마태복음 4:1-11(하와의 시험과 그리스도의 시험)에서 위의 세 가지 시험과 비교되는 점을 찾아볼 수 있습니까?

“많은 사람들은 사탄과 20리까지는 가지 않으려고 하지만 10리는 같이 가기를 허락하고 있습니다. 그러나 일단 그와 함께 가다가 도중에서 돌아설 수는 없는 것입니다.”

-윌리엄 거날

어떻게 사탄을 이길까

16. 그리스도께서 십자가 위에서 돌아가신 것이 사탄에 대해서는 어떤 의미가 있습니까? (히브리서 2:14-15)

사람에 대해서는?

17. 우리는 사탄과 또 사탄이 우리를 속이려고 사용하는 것들을 어떻게 이길 수 있습니까? (요한일서 4:4)

"안전은 위험이 없는 곳에 있지 않고 주님께서 계신 곳에 있다."

18. 고린도후서 2:14을 당신 자신의 말로 쓰십시오.

19. 하나님께서는 우리에게 어떤 경고를 하십니까?
(1) 잠언 1:10

(2) 에베소서 5:11-12

(3) 잠언 4:14-15

20. 다음의 각 구절에서 사탄을 이길 수 있는 세 가지 요소는 무엇입니까?
(1) 요한계시록 12:11

(2) 베드로전서 5:8-9

21. 또 다른 무엇이 사탄을 이길 수 있게 합니까?
(1) 에베소서 6:16-18

(2) 마가복음 14:38

(3) 야고보서 4:7

22. 시험에 들지 않기 위하여 우리는 무엇을 해야 합니까? (마태복음 6:13)

23. 어떻게 하나님의 말씀이 우리를 승리로 이끌어 줍니까? (시편 37:31, 17:4)

"하나님께서는 그분의 말씀을 영적 전쟁의 가장 으뜸가는 무기로 마련해 주셨습니다. 예수님께서는 사탄의 공격을 말씀을 인용하여 물리치셨습니다. 그러나 단지 인용하기만 하신 것보다 더 중요한 것은 예수님께서 그 말씀의 진리 위에 서 계셨다는 데 있습니다."

24. 이 과에서 당신이 사탄에 대해 배운 것 중에서 가장 중요한 것은 무엇입니까?

25. 이 과에서 당신의 생활에 적용할 수 있는 것은 무엇입니까?

제 4 과

죄와 승리

그러므로 이제 그리스도 예수 안에 있는 자에게는 결코 정죄함이 없나니, 이는 그리스도 예수 안에 있는 생명의 성령의 법이 죄와 사망의 법에서 너를 해방하였음이라. (로마서 8:1-2)

죄란 무엇인가

1. 죄를 어떻게 묘사하고 있습니까?

   (1) 이사야 1:2

   (2) 로마서 3:23

   (3) 이사야 53:6

   (4) 요한일서 3:4

   (5) 요한일서 5:17

   (6) 야고보서 4:17

   (7) 요한복음 16:8-9

2. 하나님 앞에 죄 없는 사람이 있습니까? (로마서 3:9-12)

3. 성경은 사람과 죄에 대해서 무엇을 가르치고 있습니까? (각 설명에 대해서 두 개의 참조 구절을 선택하십시오.)

요한복음 3:19	마가복음 7:20-21
예레미야 17:9	로마서 3:12

(1) 사람은 본질적으로 죄인입니다.

(2) 사람은 선택을 잘못함으로 죄인입니다.

“어떤 사람은 ‘나에게는 잘못한 일들이 있습니다. 그러나 내 마음속 깊은 곳에는 선량한 마음을 갖고 있습니다’라고 말하고 있습니다. 그러나 사실은 이것이 곧 당신을 속이는 것입니다. 왜냐하면 당신의 마음은 당신에게 있어서 가장 악한 곳이기 때문입니다.”

-찰스 스펄전

4. 자신이 죄인이 아니라고 말하는 사람에게 있어서 틀림없는 두 가지 사실은 무엇입니까? (요한일서 1:8)

창세기 3장은 인간이 처음 하나님으로부터 떠나 죄를 범하게 된 것을 묘사하고 있습니다. 더욱이 로마서 1:18-32은 인간이 일상생활에서 계속해서 죄로 향하고 있는 것을 묘사하고 있습니다. (30가지 이상의 범죄들이 열거되어 있습니다.) 이 구절들이 우리의 현실 사회와 세상의 상태를 얼마나 정확하게 묘사하고 있는지 주의 깊게 살펴보십시오.

죄는 어디로 이끌어 갑니까

5. 죄에 대한 하나님의 태도는 무엇입니까? (로마서 1:18)

6. 하나님께서는 누구를 위해서 그분의 진노를 예비해 두고 계십니까?
   (1) 로마서 2:8-11

   (2) 데살로니가후서 1:7-9

   (3) 요한복음 3:36

사람이 멸망당하는 것은 단지 그가 죄를 지었기 때문이 아니라 하나님께서 죄의 해결책으로 주신 예수 그리스도를 거절했기 때문입니다.

7. 예수님께서는 지옥을 어떻게 묘사하셨습니까?
   (1) 마가복음 9:43,47-48

   (2) 누가복음 16:23-24

8. 에베소서 2:1-5에서,

(1) 죄인은 영적으로 어떤 상태에 있습니까?

(2) 구원받은 사람은 영적으로 어떤 상태에 있습니까?

9. 하나님께 속한 사람들에게 앞으로 올 것이 무엇입니까? (요한계시록 21:4)

죄의 형벌에서 해방됨

10. 사람이 하나님의 진노에서 어떻게 구원받습니까? (로마서 5:8-9)

11. 로마서 4:5-8에서,

(1) 그들의 범죄에도 불구하고 하나님께서는 예수 그리스도를 믿는 자들에게 무엇을 주십니까?

(2) 그들의 죄는 어떻게 됐습니까?

12. 예수 그리스도를 믿는 믿음은 우리에게 무엇을 줍니까?

(1) 사도행전 10:43

(2) 요한복음 6:47

(3) 고린도전서 6:11

(4) 로마서 8:1

(5) 로마서 5:1

로마서 3:21-5:21은 '믿음'에 의해서 '의롭다 하심'을 얻게 된 것과 믿음에 의한 '의'에 관해서 잘 기록된 중요한 성경 말씀입니다. 여기에서 이 세 가지 단어가 몇 번이나 나오는지 주의 깊게 살펴보십시오(40번 이상). 그리고 이 장들이 에베소서 2:8-9에서 어떻게 요약되어 있는지를 살펴보십시오.

죄의 권세에서 해방됨

하나님께서는 비록 죄를 미워하시지만 신자와 불신자의 죄에 대한 그분의 심판은 전혀 다릅니다.

문제 5-9에서 당신은 그분의 아들과 구원을 거절(또는 등한히)하는 사람들의 죄를 하나님께서 어떻게 처리하시는가를 배웠습니다. 문제 10-12에서 당신은 그리스도 안에 있는 그분의 용서와 의를 받아들인 사람에 대해서는 하나님께서 죄를 용서하시고 잊어버리신다는 것도 알았습니다.

하나님께서는 그분의 자녀들과 계속 사귐을 유지하기를 원하십니다. 그러나 죄는 그리스도인이 하나님과 갖는 친밀한 교제와 때로는 다른 사람과의 교제를 깨뜨려 버립니다. 그렇지만 하나님께서는 죄와 범죄 즉 우리의 본성 안에 있는 죄의 근원과 우리의 생활에서 짓는 죄의 결과를 이기고 승리할 수 있는 힘과 그 방법을 이미 제공해 주셨습니다.

13. 만약 신자들이 죄를 범한다면 예수님께서는 그들을 도우십니다. 두 가지 도움을 기록하십시오. (요한일서 2:1-2)

14. 예수님의 죽으심을 통해 우리는 어떻게 되었습니까? (히브리서 10:14)

죄에 대한 태도

"죄가 금지되었기 때문에 해로운 것이 아니라 해롭기 때문에 금지되었습니다."
-벤자민 프랭클린

15. 죄에 대해서 그리스도인들은 어떤 태도를 취해야 합니까? (시편 97:10)

16. 악을 미워하는 것을 어떻게 배웁니까? (시편 119:104)

"사소한 죄란 없습니다. 죄는 무한하신 하나님께 대항하는 것이며 그것은 헤아릴 수 없는 영향을 가져옵니다. 모래시계의 작용에서 한 알의 모래알이라도 소홀히 다루어지는 것은 없습니다."

-제레미 테일러

17. 그리스도인이 보통 범하는 죄는 무엇이며 그 결과는 어떻습니까?

(1) 마태복음 23:12

(2) 마태복음 6:1

(3) 베드로전서 2:11

18. 그리스도인이 조심해야 할 다른 몇 가지 마음의 죄는 무엇입니까?

(1) 히브리서 12:15

(2) 히브리서 13:5

(3) 요한일서 4:20

"유혹을 피하게 해달라고 기도를 하고도 유혹 가운데 계속 있는 것은 마치 손가락을 불 속에 넣어 두고 타지 않게 해달라고 기도하는 것과 같다."

19. 우리가 혀(말)로 짓는 죄와 대인 관계에서 피해야 할 죄는 무엇입니까? (고린도후서 12:20-21) (모르는 단어는 사전을 찾아보십시오.)

20. 다윗은 그의 눈에 대해서 어떤 결심을 했습니까?
(1) 시편 101:3

(2) 시편 119:37

"무엇이든지 당신의 지각을 약하게 만들고 양심의 부드러움을 해치고 하나님을 깨닫는 것을 흐리게 하며 영적인 것의 맛을 없애 버리는 것들, 간단히 말해서 무엇이든지 당신의 마음보다 육신의 권위와 힘을 증대시키는 그것이 당신에게 죄가 됩니다."

-수산나 웨슬리

자백과 보상

자백과 승리에 대한 말씀을 더 공부하기 위해서 제2권의 1과(특히 문제 12-24)를 복습하십시오.

21. 하나님께서는 우리와 자기와의 끊어진 교제를 어떻게 회복시키십니까? (시편 32:5, 요한일서 1:9)

22. 교제를 회복시키는 데 누가 먼저 무엇을 해야 합니까?
    (1) 당신이 다른 사람에게 죄를 지었을 때 (마태복음 5:23-24)

    (2) 다른 사람이 당신에게 죄를 지었을 때 (마태복음 18:15)

23. 삭개오는 자기가 잘못한 자들에 대하여 어떻게 하겠다고 약속했습니까? (누가복음 19:8)

사람과 화목하는 데는 용서를 구하는 것과 동시에 손해 본 것에 대하여 보상해 주는 것(훔친 물건들은 되돌려 주거나 갚아 주고, 거짓되고 잘못된 말들은 정정하고, 손해 본 재산을 보상하는 것)이 필요합니다. 보상은 하나님께서 보여 주신 뜻입니다. 할 수 있는 힘이 우리에게 있으면서도 그렇게 안 한다면 양심에 죄책감이 남아 있게 되고 영적인 성장에 방해가 됩니다.

해방과 승리

24. 로마서 6:17-18에서,

(1) 우리는 무엇으로부터 자유를 얻었습니까?

(2) 우리는 지금 무엇의 종입니까?

(3) 어떤 마음의 태도가 이 새로운 관계를 맺는 데 열쇠가 됩니까?

25. 갈라디아서 2:20에서,

(1) 우리에게 승리를 주기 위해서 누가 우리 속에 사십니까?

(2) 어떻게 이 승리의 생활을 할 수 있습니까?

26. 승리가 약속된 우리의 새 생활에서 우리의 세 가지 의무는 무엇입니까? (골로새서 3:1-2,5)

27. 이 과에서 하나님께서 당신에게 가장 명확하게 말씀해 주신 것은 무엇입니까?

(1) 죄에 대해서

(2) 승리에 대해서

"누구든지 마음속의 죄를 주님께 계속해서 자백하지 않는 한 마음속의 악한 생각을 이길 수 있는 방법은 전혀 없습니다."

-조지 뮐러

도중에 한 과라도 빠뜨리지 않고 지속적으로 성경공부를 할 수 있도록 **제6권**을 미리 구입해 두십시오.

제 5 과

그리스도는 다시 오시는가

주께서 호령과 천사장의 소리와 하나님의 나팔로 친히 하늘로 좇아 강림하시리니, 그리스도 안에서 죽은 자들이 먼저 일어나고 그 후에 우리 살아남은 자도 저희와 함께 구름 속으로 끌어 올려 공중에서 주를 영접하게 하시리니, 그리하여 우리가 항상 주와 함께 있으리라. 그러므로 이 여러 말로 서로 위로하라. (데살로니가전서 4:16-18)

재림에 대한 약속

1. 예수님께서는 제자들에게 무엇을 약속하셨습니까? (요한복음 14:2-3)

2. 예수님께서 하늘로 올라가실 때 두 천사는 예수님께서 어떤 방법으로 다시 오실 것이라고 말했습니까? (사도행전 1:9-11)

3. 주님의 재림에 대해서 신약성경의 다섯 저자들은 무엇을 기록했습니까?

(1) 바울 (빌립보서 3:20)

(2) 야고보 (야고보서 5:7-8)

(3) 베드로 (베드로전서 1:13)

(4) 유다 (유다서 14)

(5) 요한 (요한계시록 1:7)

4. 예수님께서는 어떻게 다시 오실 것입니까?

(1) 누가복음 12:40

(2) 데살로니가전서 5:2

(3) 마태복음 24:27

(4) 마태복음 16:27

5. 예수님께서 재림하실 정확한 시간을 아는 분은 누구입니까? (마태복음 24:36,42-43)

6. 예수님께서 오실 때 세상의 형편은 어떠하겠습니까? (마태복음 24:37)

그때는 어떠했습니까? (마태복음 24:38-39, 창세기 6:5,11-13)

7. 예수님의 재림이 가까워짐에 따라 사람들의 태도와 상태는 어떻게 될 것입니까?

(1) 데살로니가전서 5:3

(2) 마태복음 24:24

(3) 마태복음 24:6-7

(4) 베드로후서 3:3-4

(5) 위의 상태들 중에서 오늘날 볼 수 있는 것들은 무엇입니까?

8. 하나님께서는 왜 주님의 재림을 오래 참고 기다리십니까? (베드로후서 3:3-9)

9. 그리스도께서 다시 오실 때 그분은 우리가 어떠한 상태에 있기를 원하십니까? (마가복음 13:35-37)

10. 예수 그리스도께서는 지금 어디에 계시며 우리를 위해 무엇을 하고 계십니까?

(1) 히브리서 10:12, 로마서 8:34

(2) 요한복음 14:2

11. 예수 그리스도를 구세주로 모시고 있는 우리는 무엇을 확신할 수 있습니까? (데살로니가전서 5:9-10)

예수 그리스도의 재림은 신약의 모든 저자에 의해서 언급되고 있습니다. 27권 가운데서 20권에서 재림을 언급하고 있으며 그것은 300구절(전 절수의 1/25) 이상이 됩니다.

재림 때 일어날 일

12. 그리스도의 재림 때 신자들에게 어떤 일이 일어날 것입니까?

(1) 고린도전서 15:22-23

(2) 요한일서 3:2

(3) 빌립보서 3:20-21

(4) 데살로니가전서 1:10

(5) 골로새서 3:4

13. 데살로니가전서 4:13-18을 살펴보십시오.
    (1) 주님께서 오실 때 일어날 사건들을 열거하십시오. (16-17절)

    (2) 우리는 얼마나 오랫동안 주님과 함께 있게 될 것입니까?

    (3) 주님의 재림에 대한 우리의 확신이 이미 세상을 떠난 신자들에 대한 우리의 생각에 어떠한 영향을 주게 됩니까? (13절)

    (4) 이러한 진리를 아는 우리는 무엇을 해야 합니까? (18절)

14. 한 알의 씨앗이 자라서 완전히 다른 형체로 나타나는 것처럼 우리의 현재의 몸이 완전히 다른 몸을 입게 됩니다. (고린도전서 15:35-38)

옳음 틀림

15. 고린도전서 15:42-44에서 우리의 현재의 몸과 미래의 몸을 비교해 보십시오.

현 재	미 래
썩어질 것	
욕된 것	
약한 것	
육의 몸	

16. 주님께서는 재림하실 때 우리에게 무엇을 가져다주십니까? (요한계시록 22:12)

17. 재림 때 주님 앞에서 신자들에게 어떤 일이 일어납니까?

(1) 고린도후서 5:10

(2) 고린도전서 4:5

신자의 행위 심판은 영원한 구원과는 아무런 관계가 없습니다. 그것은 봉사에 대한 상을 받거나 또는 잃게 되는 때를 말합니다. 불신자의 심판에 대해서는 요한계시록 20:12-15을 보십시오.

주님의 재림이 우리에게 어떤 의미가 있는가

18. 하나님의 존전에서 어떤 일이 있을 것입니까? (요한계시록 21:4)

19. 누가 거기에 있게 됩니까? (요한계시록 5:9)

“주님께서 나타나시고 우리가 주님께 끌려 올리워 가면 우리는 부활한 성도들의 놀라운 교제를 체험하게 됩니다. 즉 모든 거리감이 사라지고 어두운 그림자는 없어지며 완성된 교제 속에 무한한 기쁨을 누리게 됩니다. 우리는 주님의 영원한 삶을 함께 누리게 될 것입니다.”

-윌리엄 피치

20. 재림에 대한 우리의 태도는 어떠해야 합니까? (디모데후서 4:8)

21. 주님의 임박한 재림을 생각할 때 우리는 어떻게 살아야 합니까?

(1) 요한일서 3:2-3

(2) 디도서 2:11-14

22. 그리스도께서 나타나실 때 우리가 지금 당하는 믿음의 시련은 어떤 의미가 있습니까? (베드로전서 1:7)

23. 만약 우리가 지금 순종의 생활과 주님과 함께 교제하는 생활을 한다면 주님께서 오실 때 우리가 확신할 수 있는 사실은 무엇입니까? (요한일서 2:28)

24. 주님의 재림이 가까움을 아는 우리는 어떤 태도로 주님을 증거해야 합니까? (디모데후서 4:1-2)

25. 이 과에서 당신에게 그리스도의 오심을 가장 잘 이해할 수 있게 해준 구절 두세 개를 쓰십시오.

당신의 생활에 무엇을 적용할 수 있습니까?

어둠이 사라지고
날이 새는 아침일지도 모른다.
예수님께서 충만한 영광으로
자기 백성을 영접하러 오실 그때는.

한낮일지도 황혼일지도
캄캄한 밤중일지도 모른다.
예수님께서 홀연히 영광 중에
자기 백성을 영접하시는 그때는.

오! 기쁘고 즐거워라.
죽음도 슬픔도 두려움도 병도 없는 곳에
영광 중에 구름 속으로 올리워 가리.
예수님께서 자기 백성을 영접하시는 그때에.

제6권은 〈봉사에의 성장〉입니다.

이 책은 다음과 같은 내용을 다루고 있습니다.

- 다른 사람이 그리스도를 만나도록 도울 것
- 양육
- 기도의 능력
- 성서적인 헌금
- 세계 비전

믿음의 기초

초판 1쇄 발행 : 1973년 4월 1일
3판 1쇄 발행 : 2011년 6월 1일
3판 11쇄 발행 : 2024년 9월 27일

펴낸곳 : 네비게이토 출판사 ©
주소 : 03784 서울시 서대문구 연희로 16 (창천동)
전화 : 02) 334-3305(대표), 334-3037(주문), FAX : 334-3119
홈페이지 : http://navpress.co.kr
출판등록 : 1973년 3월 12일 제10-111호

ISBN 978-89-375-0392-4 03230